JN439370

경남여류문학회 사화집

꽃 잎

박 수

도서출판 경남

발간사

아름다운 동행

경남여류문회회장 김진희

"어제는 역사이고, 내일은 수수께끼이며,
오늘은 선물이다"고 브라이언 다이슨은 말했습니다.

내일을 향해 달려가는 인생의 여정에서
지나간 어제를 돌아보며
오늘, 마음을 나누는 따뜻한 친구가
그리운 시간입니다.

감성의 바닥을 헤엄치며 고독을 벗한 지
어언 30여 년이 지났습니다.
더위와 추위, 눈비를 맞으면서
우리는 함께하였습니다.

소중했던 어제의 조각보에
꽃향기 가득한 수 놓도록 자리 펴 주신
우수AMS 전종인 회장님께 감사의 마음 전합니다.

창간호(1991년)부터 23호(2013년)까지
표지화를 보내주신 화가들의 손길이 있어
행복한 시간이었습니다.

우거진 녹음 아래 나무는 열매를 맺고
소리 없는 향기가 퍼져 산을 더욱 푸르게 합니다.
경남여류문학회가 마음의 벗이 되어
늘 함께하겠습니다.
감사합니다.

2013. 9.

차례

part 2 시조

part 3 수필

서인숙 | 흐르는 강물 외 1

강지연 | 화두 · 46 외 1

김계자 | 장마 외 1

김명희 | 꽃잎 박수 외 1

김미숙 | 인생 외 1

박은형 | 외뿔고래 외 1

박태남 | 녹차밭 이슬이 외 1

배소희 | 24시에 비는 내리고 외 1

원순련 | 연을 날리며 외 1

이주언 | 배추벌레 사원 외 1

조연향 | 봄은 꽃들의 구치소이다 외 1

한후남 | 흙다리 외 1

part 1

흐르는 강물 외 1

| 서인숙

강은 조용하다
어디선가 흘러오는 음악의 울림 따라
흐르고 흐르는 물줄기

닿을 수 없어
그냥 가버리는 먼먼 어디인가
물 깊이에서 솟아오른 갈대들의 꿈
적막보다 짙은 침묵 속에 흐르는 물빛
사랑의 맨 처음 사랑 같은…

아무도 붙들지 말라
어느 것 흐르고 변치 않은 것이 있을까
말이 없어 물로만 말하는
저기! 저 강물을 보아
아프다 못해 스러지는 마음

경남여류문학 제21호
김해연 作 환희, 첫경험, 열정

자 수

소리도 향도 없이 이백 년
오직 적막한 어둠으로
아낙의 슬픔
붉은 꽃송이

아름다움 끝에 오는 슬픔
시린 아픔의 길로
나그네 되어 걸어가 보네

색색으로 핀 꽃, 꽃들의 노래
언젠가 불러 본 노래 같아
목청 높여 불러 볼까나

그립다
저 꽃들의 소리 없는 아우성
그리움은 그리움으로
한세상이 되어
한 세월이 되네.

화두 · 46 외 1

— 목탁

| 강지연

방울이 구르듯이 청아한 소리에
얼마나 많은 마음들이
한마음으로 흘렀던가
번뇌를 다잡고 편안했던가!

백년 넘은 살구나무 둥치가
내 전생이다
물속에서 몸을 불린 세월이 삼 년

어느 정교한 손길이 내 속을
공굴리며 파내어 텅 빈 채
순례의 길 떠났다

부질없는 욕심을 내려놓고
시작도 끝도 없는 중생제도의 길
흰 달 비껴 뜨는 새벽 도량석엔
미물들 놀랄까봐 나직나직
화쟁 삼매의 바다에 이른다

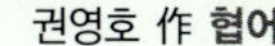
권영호 作 협어

화두 · 50

— 응공應供*

마음 다치지 말자고
선택한 간화看話의 삶인데
인연 때문에 낭비한 수많은 세월
천삼라 만삼라가
가을을 짊어 메고
천천히 다가와
깊고 어두워진 가슴속
부끄러운 자욱들

번뇌를 내려놓지 못하는
속됨을 아시는 듯
누군가가 가만히 다가와
허공을 위해 허공 하나
키워보라 이르신다
내 눈물의 배후
응공의 마음만
염주알처럼 가지런하다.

*응공 : 지극히 받들어 모시는 것.

장마 외 1

| 김계자

장맛비 오는 날은
찾아오마는 사람 없어도 좋으리
작은 산새 한 마리
솔바람 거느리고 찾아와
높은음으로 노래를 불러 준다면
마음 닿아 찾아주는 지우知友 없어도
아껴둔 찻잔으로 차를 마시리
은은한 빛깔로 우려낸 작설차에
그리움은 취하리

장맛비 오는 날은
친수경을 외며
산새에게도 백팔배를 올리며
가벼이
가벼이 날아오르리.

경남여류문학 제10호

석이 생각

너를 보내는 날도
49재를 올리는 날도
하늘이 나 대신 소리 내어 울어 주었다.

이승의 반백 년, 고단했던 질곡의 삶
훌훌 털고
불국정토에서 편안한 삶 누리시라
그곳에선 부디 행복하시라
어머님 아버님과 함께 왕생극락하시라…
주문처럼 외우느라 울 수가 없었다.

이제는,
아구찜에 소주 한잔 곁들일 수도 없고
크고 따뜻했던 손, 잡을 수도 없지만

이승에서의 어진 성품 그대로
새벽 산책길 풀잎에 맺힌 이슬로라도 만나
네 손 한 번만 잡아보고 싶구나
서럽고 안타까운 누이의 이 마음 전할 수만 있다면…

꽃잎 박수 외 1

| 김명희

수련이 불끈 쥐었던 주먹을 폈다
제 중심을 향해 둥글게 퍼져나가는 꽃잎
수런거린다

캄캄한 바람을 움켜쥔 채
들이닥친 잠을 다 건너서야 물의 초점에 이르는 것
물방울 모자이크 유리창
창창한 연못은 살붙이들이 엉겨 있던
또 다른 방
문을 박차고 나온 우리들이 꽃잎처럼 둥둥 떠다니는
물의 도시에서는 굳은 관절도 유연해진다
손목골절 후 오랫동안 물속에서 주먹을 쥐락펴락하셨던 어머니
그 아린 손목 물속에 두고 가셨나
소리 없는 저 박수
낄낄대다 그렁대는 눈길마다
서늘한 박수로 문전성시를 이루었다

경남여류문학 제17호
조수정 作

종종 구름

나는 구름을 피우지
까치발로 매달린 산딸구름 아라베스크
시계탑구름
모네의 수련구름 악견산 어깨구름 동영상으로
펼치려면 화질 좋은 하늘이 필요하지
유월 호수 들꽃찻집 다시 지운다 건듯
바람에도 자라는 연두 보라는 어디서 오나
초록이 물컹거리는 발목의 언덕은 점점 자라
무엇이 되나
자귀나무 정수리가 흔들린다
고양이 한 마리 흙을 덮고 있다
냄새나지 않게
낌새채지 않게
나는 외로움을 풍성하게 피우지
종종

인생 외 1

| 김미숙

올 때는
내가 울었지만

갈 때는
다른 이들이 울어주는 것

마산여성문우회 사화집 제4호

하성목 作 지리산 홍류동 계곡

사과 한 알

한 알도 벅찼다
섬마을 초등학교 체육 선생님
작은 배에 사과 싣고 하나씩 던지면
고사리 손으로 헤엄치며 사과를 줍는다

운 좋아 두 개를 잡으면
가라앉아 짠물 먹기 십상
생명의 한 손은 남겨야 산다는 걸
가르칠 작정이었을까

지금도 인생 짠맛에 눈 아릴 때면
선생님의 사과 한 알을 생각한다
못 잡으면 굶어죽고
두 개 잡으면 물에 빠져 죽는다는 것을

산다는 것은 그 중간 어디쯤에서
끊임없이 균형 잡는 일이라는 것을

외뿔고래 외 1

| 박은형

내 안 어딘가, 주소를 물을 수 없는 곳에
한 마리 외뿔고래가 들었다
좁디좁은 내 몸과 마음을 서식처로 삼은 걸 보면
그리 영특한 놈은 못 되는 게 분명하다
물 밖으로 긴 뿔을 내밀고 기웃대기를 좋아하는 녀석이
꼬깃꼬깃 접었다 떨어뜨린 조바심의 거리까지 합하면
그 유영의 길을 해리로 따질 수는 없겠다
수면 밖으로 수없이 튀어 올라 녀석이 하는 일이란 기껏
얼음덩이에 남긴 바람의 잇자국을 본뜬다거나
목 짧은 진눈깨비의 맥박을 기록하는 일,
아니면 하루에도 몇 번 창업하는 신종 고삐상점의
폐업을 선동하는 일 따위의 것들이다
그러고 보니 난파 직전의 별 하나를 업어오거나
구름 조련사가 끌던 뗏목을 몰래 물어 온 적이 있기도 하다
한번은 곧추세운 외뿔로 군동내 나는 내 옆구리를 찢기도 했으니
그 하는 짓을 통 그르다 할 수만은 없는 일
들리는 소문엔 사는 동안 무수히 흔들렸다는 표식으로
나선형 무늬 길게 이어간 그 뿔을 주검 곁에 남긴다 한다
내 안에 깃든 고마운 녀석을 잘 구슬러
생을 벼리는 외뿔 하나 지니는 법 배워볼 요량이다

마산여성문우 제2호

洪永杓 作

봄, 연두

꽃의 호들갑을 면박주지 않고 잎은
나무의 몸 안에서 진주처럼 기다릴 줄 안다
우리가 꽃들에 의탁하던 잠에서 깬 뒤에나 잎은
꽃 진 숲으로 봄을 완성하러 간다
여린 손톱과 이마, 팔뚝에서 햇살에까지 활짝
연두는 연두만 끼얹어 몽유의 봄밤에까지 활짝
연두의 음계에 에워싸일 때 나는
눕지 않던 뭉툭한 울음들 쏟아버리고
천천히 초록으로 옮아갈 것이다
봄의 창세기, 자욱한 저 앞에서는
당신에게 온종일 다정할 수밖에 없으니

녹차밭 이슬이 외 1

박태남

한잔의 따스 정이 되었네
한잔의 향 가득한 가슴이 되었네
바다가 가까워 짠 바람 와 앉아도
차의 고요로움 잊지 않네

새벽잠 실눈으로 지켜보아도
어느새 고운 빛으로
찻잎을 품었는지
귀품 있는 중년의 모습으로 익어
한잔의 차가 되네

살아가는 너와 나의 일상이
묽지도 진하지도 않는
세월이라는 친구를 벗하면
따라가는
녹차밭 이슬이 되어

경남여류문학 제16호

성낙우 作

시린 가슴에는 따슨 향으로
불을 품은 가슴에는 찬 향으로
한잔의 물이 되세
마른 가슴 적셔 주는 찻물이 되세

비가 오려나

빈 항아리에 구름이 웅크리고 앉아
개구리 노래 청하네
너는 모른다 너는 모른다
비온 날 하직한 억울한 넋을

그리고 생각 없이 떨어지는
빈 하늘 천둥 빛을

비가 오려나.

24시에 비는 내리고 외 1

| 배소희

자판기가 비를 맞고 섰다
또 어디론가 가나보다

노랑 풍선 이삿짐 트럭 하나
젖은 사람들을 태우고
떠날 채비를 하고 있는데
찜질방 24시 사람들은 어디로 간 것일까

오래 비워두었던 파리바게뜨
낡은 간판 휑한 점포에
점령군처럼 자리 잡은 거미들
그늘을 치고 있다

사람들의 건강을 약속했던
평화의원 평화도 불 꺼진 지 오래
아슬아슬했던 한마음 약국
약사의 한마음마저 얼마 전 깨어졌다

잠시 머뭇거리다가
까치발로 들여다보기도 하는
당신도 나도 세상의 발걸음도
발밑에 부는 바람에 낡아간다

24시에
비는 내리는데.

경남여류문학 제13호
한정실 作 **생성**

일 탈

열 개의 손톱들이
도마 위를 누비며 반짝인다
설거지로 손빨래로
마디가 굵어지고 뭉툭해진 손톱마다
사포질과 칼질하며
그림 그려주는 그녀 손길
나를 바라보며 웃는데
지금 누리고 있는 호사가
내 것 같지 않은 어색함에
가끔 손끝이 오그라들지만
식탁 위에서 시도 때도 없이
꽃 떨어지는 손톱
두려웠던 남편 퇴박도
이제는 콧방귀로 흥.
못난 새끼발톱도 덩달아 고개 들어
때아닌 기지개 켜고
몸 구석구석 숨죽여 있던 세포마저
낱개의 퍼즐 조각으로
고개 내미는데

하나라도 잃어버리면
기우뚱해지는 퍼즐게임 속으로
빠져드는 일상탈출.

마산여성문우회 사화집 제3호
하성목 作

연을 날리며 외 1

| 원순련

평생을 꿈꾸어온 숨겨진 비상이었지
사람들은 이런 내 음흉한 속내를 모른 채
늘 평온한 맘으로 자리를 지키는 내 외면에
숱한 찬사를 보냈지만

그 비상은 언제나 꾸물꾸물 자리에서 일어나
우우우우-
겨울바람이 솔가지를 헤집고 나설 때면
미친 듯 자리를 털고 일어나
사립문을 열고 하늘을 날았다

이젠 보이지 않을 테지
이젠 모두를 망각 속에다 묻어버리는 거야

그 숱한 사연들로 내 허리를 옭아맨
내 잔 동강이 낸 그 무리들이 보이지 않겠지

그래 이젠 나는 거야
이젠 두 눈 질끈 감고
다시는 돌아오지 못할 곳으로 날개를 달아보자

아!
이 후련함
겨드랑이를 기어 나오는 평온의 날개

한참을 날다 고개를 숙였다.
그곳엔
바람을 맞으며
얼레를 돌리는 그가 있었다

그가 그곳에 장승처럼 서서 얼레를 돌리고 있었다.

목련꽃 떨어지던 날

늘 꽃이라고 생각했다.
제철 다 보낸 후
후두둑후두둑 빗줄기 따라 낙하할지라도

아무 생각 없이 걷는
어떤 이의 발길에 밟힐지라도

꽃진 자리 서러워 않고
겨우내 찬바람과 바투며 물을 끌어올리던
그 시린 추억만으로
영원한 꽃으로 살고자 다짐했는데

오늘은 그만 절망 앞에 섰다.
흐느적거리며 쓰러지는 너의 모습 미워서

하얀 꽃잎
가득 쌓인 꽃무덤 앞에서
쓰라림에 목이 메어
통곡의 눈물을 흘린다.

이 아름다운 계절에
속절없이 세상을 등진 너의 모습이 서럽기만 하여서

배추벌레 사원 외 1

| 이주언

쌈밥을 먹다
구멍 송송 뚫린 배춧잎
수도승 맨발이 굽이굽이 넘어갔던
잎맥을 본다
발등, 무릎, 가슴 내던지며
원왕생 원왕생 바닥을 기며
태양계 한 바퀴 돌아
느린 행보로
무수히 남긴 석굴사원
긴 행려를 본다

경남여류문학 제18호

김천정 作 **강냉이가 익는 계절**

화산花山*

저 사내의 어미는 금가루 목욕의 창시자
한때 백월산 남사 목욕통으로 솔숲이 온통 들끓었다는데요
잘게 부순 황금 달빛이 지상을 오래 떠돌다
가끔은 지하상가에 들이치기도 한다는데요
*물소리 새로운데 길 잃어 잘 곳 없어라***
계단에 앉아 있는 저 사내
난초향 사향 풍기던 여자 생각에 우두커니
구걸 바구니 바라보고 있는데요
한 계단 더 오를까 허리를 더 숙일까
쨍그랑 동전 소리 날 때마다
한 병 소주 생각에 두 눈 반짝 빛나는데요
*내 청만 들어주시고 누구인지 묻지 마오***
바람 한 조각 들이켜며 허기를 누르는데요
땀내가 사방으로 퍼지는 여름날 저녁
더 잃을 것 없는 마음 아이같이 바닥을 구르는데요
그에게서 금빛 물결 일 것 같아
앉은 자리 연꽃이 필 것 같아
*길손이 누구인지 묻지 마오***
신발 한 짝 들이밀고서 누군가 배낭을 털어 건네준

담배 반 갑, 사탕 몇 알, 지폐 하나에
깔고 앉은 신문지가 꽃봉오리로 꿈틀거리는데요
백월산 연화대에 오른 꿈속에선
꽃방석 구름을 타고 떠다닐 것만 같은 그날은 보름이었는데요

*화산花山 : 경남 창원시에 있는 백월산의 다른 이름.
**《삼국유사》 탑상 제4에 나오는 게송 변용.

경남여류문학 제20호
한정실 作 잃어버린 날들에 대한 기억

봄은 꽃들의 구치소이다 외 1

| 조연향

담장 휘어진 가지마다 횃불을 밝히는 봄은
낯선 곳으로 이끌려 온 듯 두리번거리는 봄은
꽃의 입구를 찾는다
봄이 꽃들의 구치소라는 것을 안다는 듯이
꽃들과 봄은 서로의 문을 쉽게 찾는다
(면회 시간이 너무 짧다)
서로에게 아직
그 향기가 남아 있으므로
활활 타오르는 노오란 자유의 세계 앞에
딸랑딸랑 새들이 울어댄다
얼마나 아득한 생이었던가
잠그고 떠나갔던 시간을 다시 풀고,
오랜 어둠의 결박을 풀고
깊숙한 밤의 늪 속에서 끌고 온 길들을
부려 놓는다
얼마나 아득한 날들이었던가
바람이었던 겨울이었던 입구에서

꽃의 기억을 가득히 가두고 있는
봄의 입구까지 두리번두리번
누가 나를 여기 하차하라고 했지?

저 강 건너 지구의 저녁에는

밤을 실은 지구가 빙글,
허공 속으로 돌아가는지 내 시야가
잠시 기우뚱,
높은 건물들이 가까스로 지축에 실려서
별이 흐르는 하늘 가까이 끝내
일탈을 할 것 같다
저 강 건너 또 무슨 일이 일어나고 있는지
아무런 일도 일어나지 않은 건지
강풀 몇 포기, 이 지반 위의 편편함을
유지하려 시퍼런 몸을 세차게 흔들어대고 있다
물결 속을 천천히 일렁이며 걸어가는
사람들의 그림자
금빛 실타래처럼 가지런히
어젯밤 꽃잠 속으로 떠내려간다
마을에 납작하게 엉켜 붙은 채 아슬아슬.
긴 꼬리별을 흔들며 빙글,
한 바퀴 다시, 휘돌아 가는 저 강 건너
지구의 저녁에는

흙다리 외 1

| 한후남

낡은 흙다리를 건너
고향으로 간다
감겨오는 어둠을
허물처럼 벗고
제비꽃 몸을 숨긴 언덕을 넘으면
꺾이더라도
휘어지지 마라시던 할아버지
시방도 그 목소리
쩌렁하게 울리는 땅
비단폭 노을에 기대어
저녁연기 그윽한 고향으로 간다.

경남여류문학 제23호
김옥자 作 **미루나무**

사자 먹통

쓰다듬는 손길에 결이 삭았는지
꺼칠하던 얼굴이 반지르르 윤이 난다
부리부리한 눈망울이며 뚝심이 담긴 뭉툭한 코
목을 감싸는 갈기마저 꼿꼿한 기상이다
먹통에 턱 걸친 여유로운 꼬리가
영락없는 맹수의 왕
호방한 꼬리는 장인의 풍모일세
짝사랑에 눈먼 내게
“사는 거 뭐 별거 있어…”
아둔한 나를 오늘도 타이르고 있다.

part 2

의자 외 1

| 김진희

생각하면
잠시 꽃피울
그날 위해
사는 것

네가 가고
지는 꽃
빈자리에
내가 앉는 것

누군가
다시 꽃피울
그날 위해
비워둔 자리

마산여성문우회 사화집 제6호
조현계 作 **소나무**

공감

글쎄요, 산다는 건
큰 숨 한번 쉬어요
껍질 마른 가지에서 새잎이 돋아나듯
내 서툰 삶의 길에서
훅- 치미는
그리움이죠.
터널 지나 바람 안고
예까지 달려왔어요
나지막이 이름 불러 입가에 번지는 미소
무설설 찻물 끓이며
마주 앉는
기다림이죠

목관악기처럼 외 1

| 박성임

꽃샘바람 날개 위로 출렁이는 지평
내가 버린 노랑나비 유채꽃에 앉았다
머나먼 기억의 뒤안길에
꽃떼처럼 피는 모닥불

낯익은 목관악기 들려오는 새소리
부러진 목 곧추세워 살포시 앉아
한 번도 토하지 못한 먹울음
'용서한다' '용서한다'

제 혼자 물 마른 강 건너간 목어
수채화 붓 끝에 맺히는 는개여
내 안에 잠들 수 없는 목탁새
'사랑한다' '사랑한다'

창窓

닫혀 있어도 스스로 열리어 다가와서
감성의 초록 물결 영롱하게 노을지는

창 하나
내 가슴속에 간직하며 살고 싶다

허영의 두꺼운 커튼을 걷어내고
치부처럼 얼룩진 먼지를 닦아내어

비구름
달아난 하늘 유채꽃 되고 싶다

비워내고 닦을수록 더 빛이 나는 창
고요처럼 아늑한 산자락에 얼굴 부비며

결 고운
너의 창살로 나를 가두고 싶다

비빔밥 대화 외 1

| 이분헌

골다공증 시간의 뼈
물컹물컹 삭는 날은

국밥 같은 단답형
후루룩 들이켜 봐도

겉도는
말의 알갱이들
부은 목젖에 뱅뱅 돌고

허방 짚은 말비린내
뜸 살 들여 날려 보내고

모양 좋은 글꼴메뉴
소담하게 담아낸

감칠맛
돌솥비빔밥 같은
대화 한술 뜨고 싶다

마산여성문우회 사화집 제7호
김진숙 作

안부 한 접시

무심히 떠돌던 고요 창 열어 쏟아내고

어미 냄새 솔솔 뿌려 만찬을 위한 꽃을 찐다

한가득 활짝 피어나

그리운 맘 달래 줄

오랫동안 저장해 둔 살붙이 짠한 속정

따스한 등불 밝혀 오붓한 안부를 풀면

겨워라, 눈빛 반짝이며

귀를 여는 환한 식탁

빈자리 외 1

| 이숙자

막내딸을 가마 태워
데리고 온 상객이
사돈댁을 떠나올 때
더듬어 신은 신발은
때 절은
흰 신발 검은 신발
짝짝이였더래요.

딸을 두고 가는
가슴속 빈자리에
소복이 쌓인 아픔은
산꿩이 대신 울고
아쉬움
봉우리마다
안개로 덮었대요.

마산여성문우 창간호

洪永杓 作

아침 교실

곤히 잠든 책상 위엔
밤마다 꿈의 동산

순이 꿈은 간호사
철이 꿈은 과학자

지난밤 꿈 자랑 하다가
이른 아침 늦잠 자고

물방울 산화되어
맑은 공기 가득한데

퉁방울 눈 금붕어는
꿈이 깰까 고요하고

군자란 벙긋이 벙글며
꿈이 크는 아침 교실.

그릇 외 1

하순희

산산이 부서져라 한 점도 남기지 말고
부서져 어느 도공의 손끝에 다시 가 닿아
수만도 불길 속에서 끓는 물이 되거라

어쩌지 못해 지녀왔던 못난 삶의 언저리
바스러질 대로 바스러져 형체 모두 지워버린 채
티끌로 먼지로 변해 흙으로 돌아가라

하얀 피 철철 흘러 깨어지는 아픔 있어도
풀잎 돋고 뿌리내린 나무 밑의 한줌 흙으로
몇 억겁 바람이 불어도 그 세월 이기거라

그런 날 인연 닿는 어느 도공의 눈에 띄어
시린 마음을 담아 데워서 건네 주는
이 지상 단 하나 남을 결 고운 그릇이 되거라.

경남여류문학 제14호
다카노 요코 作 Red & Red

으아리꽃

사람아 먼 사람아 비바람 세찬 이 밤
아득한 은하계를 홀로이 건너와서
두 손에 움켜쥔 적막을 차마 펼 수 없구나

바람 부는 들길을 한참을 서성이다
온 길을 지우고 가는 시간의 젖은 행방
숲속을 찰방거리는 물소리도 하마 깊다

산다는 건 애오라지 나를 견디는 일
으아리 목울대를 하얗게 뽑아 올려
풀무질 담금질 끝에 열린 날을 들어 올린다.

시작메모 | 하얗게 긴 목울대를 뽑아올리고 기품 있게 웃고 선 으아리꽃을 본 적 있나요? 처음 이 꽃을 만났을 때, 마음 한쪽에 싸아한 아픔으로 다가오던 기억! 왜인지 몰라도 그냥 눈물이 났습니다. 먼 옛날, 먼 고향에 두고 와 잊어 버린 친구를 만난 것같이, 줄을 타고 울타리를 만들며 피어 있던 모습을 보며 사는 일도 저렇듯이 건너가야 하는 일이라고! 어려움도 이겨내어 열린 날을 환하게 열어야 한다고!!!

part 3

경 남
2001
여 류
제11호
문

텃밭 단상

/

김경분

오랫동안 아파트에 살다가 낮은 산기슭에 아담한 집을 지었다. 아침이면 나무와 풀냄새 묻은 바람이 온 집안에 스미고 마당가 자귀나무에 앉아 지저귀는 새소리를 들으며 아침밥을 준비한다. 된장국이 끓기 시작하면 텃밭으로 뛰어가 대파를 뽑고 호박을 딴다. 아랫집 할머니가 잡초라고 뽑아 버리라던 비름나물도 데쳐서 고추장에 조물조물 무치고, 밤새 자란 가지는 살짝 쪄서 양념장에 찍어먹는다.

이 집에서는 시계 볼 일이 없다. 어두워지면 저녁을 먹고, 아침이면 새소리에 절로 눈이 뜨인다. 시계의 알람을 맞춰놓고 수십 년 긴장하며 잤던 선잠을 더 이상 자지 않아도 된다. 씨를 뿌려 놓고 며칠만 기다리면 뾰족뾰족 새싹이 올라오고 굳이 텃밭이 아니더라도 주변에는 찬거리들이 많다.

텃밭에서 서툴게 일을 하고 있으면 마을 사람들이 올라와

허정륭 作 **바램**

자세하게 가르쳐 준다. 두둑을 만들고 비닐까지 덮어 주며 온갖 씨앗을 가져와 직접 심기까지 한다. 저녁 무렵이면 할머니들은 우리 집 텃밭으로 모인다. 잡초를 뽑으며 농사 이야기나 날씨 이야기를 두런두런 주고받는 그 사람들은 자연의 한 부분 같다.

아파트에서 사람들과 자동차 소리를 들으며 살았던 나는 이제 세상으로부터 불안한 자극을 받지 않는다. 나에게 새댁이라고 불러주는 할머니들과 친하게 지내는 동안 내 가슴속에 너른 텃밭을 품게 되었다. 사람이 귀하고 더없이 소중해 지는 마음도 생겼다.

나는 대부분의 시간을 텃밭에서 보낸다. 땅을 파고 흙을 고르면 마음이 편안해 진다. 가슴에 묻어 둔 말들이 목까지 차오르고, 살아서는 용서하지 못할 것 같았던 사람에 대한 노여움도 어느 순간부터 조금씩 잊을 수 있었다.

작은 텃밭 하나가 주는 마음의 평화는 상상할 수 없을 만큼 대단하다. 복잡한 머리를 쉬게 하고 날이 섰던 마음을 순하게 만든다. 용서의 공간이고 치유의 공간이다.

내년에는 내 마음에도 푸른 새잎이 돋아났으면 좋겠다.

비

/

김정희

3일간의 하기휴가를 영주 부석의 고모님댁에서 보내기로 한 달 전부터 계획을 세웠다. 그러나 휴가 첫날 아침부터 무겁게 내려앉은 하늘은 들뜬 우리들의 마음은 아랑곳없이 금방이라도 비가 쏟아질 것만 같았다. 그렇지만 장맛비가 완전히 물러갔다는 기상대의 예보만을 믿고 차에 올랐다.

거제대교를 벗어나면서부터 날이 갤 것이라는 우리들의 기대는 무너지기 시작했다. 차츰 땅이 젖어 오기 시작했다. 거리에 펼쳐지는 우산의 수효도 점점 많아지기 시작하였다.

차가 고속도로를 진입하자 우리와 경주라도 하듯 빗방울은 엄청나게 굵어졌고 와이퍼가 기능을 잃을 정도로 빗방울은 맹렬하였다. 때때로 번쩍이는 천둥번개 소리는 우리들을 더욱 불안하게 했다.

구마고속도로를 벗어나 국도로 접어드니 개울을 넘친 물이 도로로 쏟아졌고 차는 수면 위를 달리는 느낌이었다. 얼마를 지났을까, 거친 빗줄기는 차츰 잦아들며 이슬비로 변해가고 있었다. 치열한 승부근성으로 인간의 한계에 도전하는 권투 선수 같다고나 할까. 악전고투 끝에 무승부로 헤어진 장대비였다.

강우로 한껏 긴장되었던 마음이 스르르 풀리면서 찬란한 여유가 찾아들었다. 농부들은 도로 양옆으로 논물을 살피고 있었다. 무심한 듯 섬세하게 세상을 적셔주는 이슬비는 솜사탕 같은 달콤한 분위기였다.

안동을 지나자 시나브로 우산의 모습은 자취도 없이 사라져버렸고 도열해 있는 가로수들은 청초함으로 한껏 푸르러 있었다. 목적지까지는 아직도 먼 길이었다. 그래서 우리는 장대비의 재도전에 대비해 휴게소에서 잠시 휴식을 취했다. 이미 내린 비로 계곡물이 불어 여기저기서 소용돌이가 폭포 되어 뿌연 포말이 안개꽃으로 피어올랐다. 장관이었다. 여기에 내리는 안개비는 참으로 신비롭기까지 했다. 냉정한 절제 속에 결코 내면을 드러내지 않는 자기 컨트롤에 강한 사람 같다고나 할까?

날씨가 갰다고 생각했는데 구름 한 점 없는 하늘에 예측 없이 내리는 여우비도 만났다. 약간은 과대망상적인 비현실 속에서 사는 사람, 그래서 삶 그 자체가 사람들에게 실소를 자아내는 돈키호테의 인간상 같은 것을 느꼈다.

나는 장대비에서 치열한 삶을 배우고 싶고, 이슬비의 섬세함도 지니고 싶다. 안개비의 매력도 품고 싶고, 지나가는 비처럼 상대에게 부담을 주지 않는 사람이고 싶다. 그리고 아주 가끔은 여우비가 되리라. 그래서 각박한 삶의 윤활유이고 싶다. 그러고 보니 가을의 전령사로 오는 가을비가 되고도 싶다. 추적추적 바바리 깃을 세운 뒷모습에서 우수가 묻어나는 사색적인 가을비. 나는 가을비가 되리라. 그래서 깊은 사색의 심연으로 빠져들 것이다. 그러나 공장의 매연이나 황사 성분을 갖고 내리는 불순한 인간상의 황사비는 경계하리라.

다양한 인생을 지닌 비들과 만나고 헤어지면서 부석 고모님댁으로 들어설 때는 이미 밤이 실타래처럼 풀리고 있었다.

아버님과 송아지

박귀희

서랍을 여니 반지 통이 보인다. 두 아이의 돌 반지가 한 개씩 들어 있다.

몇 년 전 시골에 계신 시아버님으로부터 전화가 왔다. 아이들의 돌 반지를 팔아서 송아지를 산다기에 한 개씩만 남겨두고 모두 갖다 드렸다. 그것으로 송아지를 살 수 있었는지는 모르겠으나, 얼마 후 시댁의 마구간에는 아들의 이름표가 달린 잘생긴 송아지 한 마리가 자라고 있었다. 아이들이 시골 가는 날이면 마구간의 소들은 정신이 없었다. 마당에 쌓아둔 볏짚단의 지푸라기를 뽑아다가 시도 때도 없이 들락거렸다. 자기네들의 금반지가 송아지로 둔갑되었다는 것에 신기해 하며 어쩔 줄을 몰라 했다. 나는 마당 어질러진다고 야단을 쳐 보지만, 은근슬쩍 송아지를 들여다보고 싶은 맘은 아이들과 다를 바 없었다. 송아지는 무럭무럭 자라서 어미 소가 되어 새끼를 낳았다. 그 송아지는 다시 어미 소가 되고…. 그러기를 몇 차례였던가. 팔려간 어미 소는 돈이 되어 고스란히 아들 이름의 통장으로 입금이 되었다.

아버님은 아이들이 대학교에 들어갈 때까지 살아 있겠느냐며, 생전에 손주들 등록금이라도 마련해주고 싶다 하셨다. 백발이 성성한 모습으로 아침마다 허리가 휘도록 마구간의 쇠똥 치는 일을 하셨다.

처음에는 송아지를 보기 위해서라도 시골에 가고 싶어 안달하던 아이들도 커가면서 조금씩 시들해져갔다. 해와 더불어 늘어만 가는 나이에 비해 아버님의 일손은 점점 줄어들었다. 그럴수록 손주들이 더 많이 보고 싶었을 것이란 생각을 이제야 해본다. 쑥쑥 자라나는 송아지를 바라보는 것은, 어쩌면 외로움에 대한 아버님의 노후대책의 방안이었을지도 모른다. 팔려가면서 뒤돌아보는 어미 소의 멀뚱멀뚱한 눈망울에 속울음 삼키며 남겨진 송아지를 손주 대하듯 어루만졌을 것이 눈에 선하다. 그런 날에는 거나하게 약주를 드신 아버님의 음성이 전화선을 타고 전해져왔다.

아들의 통장을 펼쳐본다. 두 아이의 등록금으로 쓰기에는 충분한 돈이 들어 있다. 통장에는 몇 해에 걸쳐서 아버님의 이름자가 또박또박 새겨져 있다. 돈이 통장으로 들어오는 날이면 나는 아이들에게 통장을 보여주었다. 행복해 하는 아이들의 표정을 보며 나도 덩달아 들떠서는 어엿한 대학생이 되어있는 두 아이의 모습을 그려보곤 했다.

경남여류문학 제19호
김성운 作 **내리사랑**

아버님은 입버릇처럼 남자인 당신이 먼저 가야 한다고 하시더니 꽃 피는 봄날에 홀연히 떠나셨다. 몸이 조금 불편하신 듯하여 검진하러 가신다더니 되돌아올 수 없는 길을 가시고 말았다.

아버님이 돌아가시기 전, 미처 통장을 만들어주지 못한 막내 손주들이 내내 걱정이었다고 한다. 어머님은 아버님의 부조금으로 마지막 통장을 만들었다. 아버님의 뜻은 그렇게 이루어졌다. 평생을 농사와 소를 키우며 살아오신 분이다. 해가 바뀔 때면 지그시 눈을 감고 손가락으로 점을 쳐보며, 소 값의 오르고 내림새를 가늠하는 모습은 마치 도인을 닮은 듯했

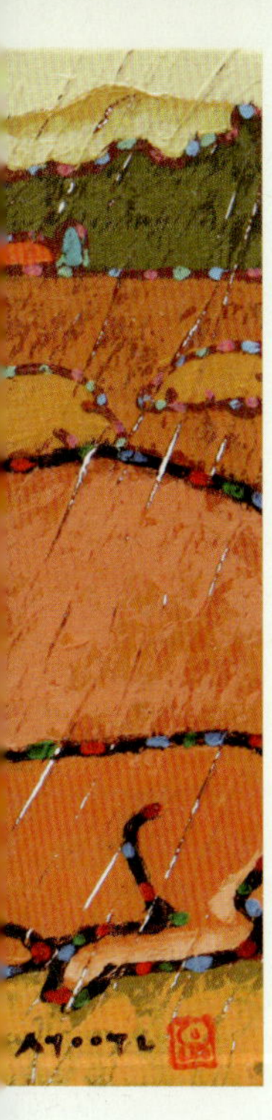

다. 소 값이 폭락하기 전에 살찌운 소는 내다 팔고, 값이 폭락했을 때는 송아지를 사들였다. 그런 삶의 지혜로 자식들을 키우셨으리라.

아버님이 돌아가시자 주인 잃은 외양간의 소들도 떠나갔다. 나른한 오후 단잠에 취한 귀를 간질이던 소의 되새김질 소리도, 빗소리로 착각하여 밤잠을 설치게 하던 세찬 오줌 줄기 소리도 이제는 들을 수 없다.

산 너머로 해가 빠지면, 아버님은 옷자락의 검불을 훌훌 털어 내면서 마구간의 소들을 살핀다. 그러고는 짬짬이 갈증 난 목을 적시던 막걸리의 얼얼한 취기에, 하신 말씀을 또 하시며 허허롭게 웃으셨다. 이제는 동네방네 다니시며 며느리 자랑해줄 아버님이 안 계신다.

을씨년스럽던 겨울을 보내고 따사로운 햇살이 찾아온 봄날, 아이들과 함께 시댁의 텅 빈 마구간 앞에 매화나무를 심었다. 아버님이 자식, 손자들을 위하여 평생 소를 키워왔듯이, 매실을 얻기 위해서는 차근차근 땅을 파는 법부터 배워야 한다는 것을 조금은 알 것 같다. 다음 세대를 생각해보는 내 모습이 은연중에 아버님을 닮고 싶어서일까. 나무를 심고 있는 우리들을 쳐다보며 옆에서 아버님이 웃고 계신 듯하다. 텅 비어버린 마구간이지만, 문고리를 살짝 잡아당기기만 하면 그 속에서 송아지들이 쏟아져 나올 것만 같다.

굴뚝

/

윤미향

크리스마스가 다가오면 하얀 도화지를 오려 카드를 만들곤 했다. 종이 위에 초가집과 울타리, 장독대를 그린 다음 마지막으로 굴뚝을 그려 넣었다. 모락모락 연기가 피어오르고 있는 굴뚝이었다.

까르르 아이들 웃음소리가 들려오는 듯하다. 겨울이어도 그 초가집은 춥지 않으리. 소박한 저녁이지만 사이좋게 나눠 먹으니 행복할 것이다. 아이들이 제일 큰 양말을 골라 머리맡에 걸어놓고 두 손 모아 기도한다. 동화책과 인형, 달콤한 과자를 선물해달라고. 산타할아버지가 좁은 굴뚝을 어떻게 내려올까 걱정하며 잠들 것이다.

바라거나 그리워하는 마음이 간절할 때 굴뚝같다고 한다. 며칠 굶었더니 밥 생각이 굴뚝같다. 보고 싶은 마음 굴뚝같지만 참아야 한다 등. 당장 눈앞에 없어 아쉬운 것을 갈구하지

徐弘源 作 卦(易)

만 허황된 욕심이나 욕망 따위와는 어울리지 않는 표현이 굴뚝일 것이다.

굴뚝은 기다림과 열정의 표상이기도 하다. 지금은 아니어도 언젠가는 꼭 이루리라는 결심 같은 것. 분수를 조금 넘긴다 해도 내 힘으로 찾아가는 포부라서 함부로 나무랄 수 없는 것. 누구나 하나쯤 가슴에 품고 사는 잉걸 같은 꿈이야말로 굴뚝이 상징하는 것 아닐까.

그리움이 쌓이면 굴뚝처럼 높아지는가. 따뜻해지는가. 연기는 하늘나라로 꿈을 실어 나르던 열차였는지 모른다. 간절함이 부족해 내 굴뚝은 그토록 작고 초라했을까. 사그라지려는 불꽃이 안타까워 늘 애가 탔지만 언젠가는 하늘 높이 연기를 피워 올리리라는 꿈이 있어 외롭지 않았다.

이제 더 이상 꿈을 꾸지 않기 때문일까. 굴뚝이 점점 보이지 않는다. 산타할아버지가 오지 않고 크리스마스 캐럴도 들리지 않는다. 거대한 공장 굴뚝에서 나오는 시커먼 연기처럼 욕망을 꿈이라고 착각했던 세월이 안타깝다.

동화책과 인형, 달콤한 과자를 선물해달라고 기도하는 아이가 그리워진다. 하얀 도화지 위에 모락모락 연기가 피어오르고 있는 굴뚝을 다시 그리고 싶다. 꿈꾸고 싶다.

가을이 오면

/

최영지

맑고 높은 하늘이 조금씩 열리고 바다는 온몸으로 쏟아져 내리는 가을 햇살을 맞는다. 아침저녁으로 제법 선선한 바람이 부는가 싶더니 벌써 길섶엔 빨강 · 하얀 · 분홍 코스모스가 자리를 차지한다. 산기슭 언덕배기에는 가녀린 억새꽃의 몸짓이 가을을 부른다. 어제 시장에서 노란 국화꽃 한 다발을 사와서 거실에 꽂아보니 꽃향기가 가을로 채워진다.

그래, 이제 가을이 왔구나. 따끈한 커피 한잔과 노란 국화꽃, 잔잔한 음악이 흐르고 그 속에 내가 있다. 도회지의 끝자락에는 작은 포구가 고요히 잠들어 있고 그 작은 포구 위에 떠 있는 돝섬, 산허리를 돌아 은행나무 잎에도 가을빛이 조금씩 물들어 온다.

한 계절이 조용히 자신의 자리를 내어준다. 여름이 열정의 계절이었다면 가을은 그 열정을 끌어안아 잘 갈무리하는 계절이리라. 지난여름은 태풍과 홍수와 찌는 듯한 무더위 등 변

경남여류문학 제22호
김옥자 作 가시연

화무쌍한 갖가지 자연적 고통을 겪어냈다. 아마도 이 아름다운 가을을 맞이하기 위한 준비가 아니었을까.

유난히도 나는 계절에 민감한 편이다. 특히 사계절 중에서 가을을 타는 탓에 여러 가지 어려운 일을 많이 겪는 편이다. 몸과 마음이 가을 특유의 미묘한 감정을 만들어 한동안 가을병에 시달리게 한다.

어느 가을 낙엽이 뒹구는 거리에서 한 친구를 만났다. 그녀의 눈에는 눈물이 그렁그렁 고여 있었고 눈가가 붉어 있었다. 평소에 잘 웃던 친군데 안 좋은 일이 생긴 것 같아 눈치만 살폈다. '넌 이런 날 눈물이 안 나니?' 엉뚱하게 물었다. '뭐 좀 슬프기는 해. 왜 무슨 일 있니?' '아니야. 난 낙엽 지는 것이 슬퍼서 그냥 눈물이 나' '아이고. 하하하.' 별다른 일이 아니라서 소리 내어 웃었다. 그 친구의 그 말은 아직도 가을날 그 낙엽을 생각나게 하고 눈물바람을 일으키게도 한다.

가을이 오면 나는 불면증을 겪는다. 날씨가 선선해지고 무학산 정상에 울긋불긋 단풍이 든다 싶으면 어느 날 밤부터 잠이 오지 않아 불면의 밤을 보내야 한다. 병도 아닌 것이 사람을 참 고통스럽게 한다. 잠을 못 잔다는 건 삶의 질을 떨어지게 하고 일상을 지치게 한다. 인터넷을 뒤져 불면증 치료방법을 동원해보지만 별 소용이 없다. 따뜻한 우유 한잔 또는 반신욕, 대추를 달여 먹기도 한다. 또 다른 방법은 눈을 감고 별 하나 나 하나를 백까지 세어보기도 하고 숫자를 백에서 거꾸로 세어보기도 한다. 어떤 날은 바를 정正을 허공에 대고 많이도 써봤다. 그런데 낙엽이 지고 차가운 겨울바람이 부는가 싶으면 잠 못 드는 밤은 신기하게도 사라진다.

가을이 오면 내가 겪는 또 하나는 마음의 병이다. 스산해지는 감성. 구름 한 점 없는 맑디맑은 가을하늘, 파란 하늘을 꼬옥 두 손으로 짜면 파란 물이 뚝뚝 떨어질 것 같은 너무 아름다운 하늘이 가슴을 먹먹하게 만들고 곱게 물든 잎새들이 낙엽 되어 지상에서 갈 길을 몰라 이리저리 뒹굴 때 마음이 저리다. 하늘을 보고도 눈물이 나고 낙엽을 보고도 눈물이 난다. 길거리 허리 굽은 할머니를 볼 때면 더 눈물이 난다. 가을엔 만나는 대상이 슬픔이 되고 아픔이 된다. 그래서 가을에는 크게 소리 내어 웃어본 적이 없는 것 같다. 그냥 마음이 저리고 아프다. 다른 계절에 느끼지 못하는 가을만이 내게 주는 감성이 아닐까.

언제부터인가 봄보다는 가을을 좋아하게 되었다. 그것은 어쩜 젊음을 떠난 중년의 낭만적 감성인지 모른다. 나이를 먹으면서 계절을 인지하고 계절이 주는 교훈 같은 것을 알아차린 것은 아닐까 싶다.

마흔을 넘어선 나이는 아마도 사계절 중 가을쯤에 와 있지 않을까. 이십 대는 봄을, 젊음과 열정 희망과 꿈을 가지고 힘차게 미래를 향해 나아갈 나이다. 삼십대는 여름을, 무성한 신록처럼 젊음과 패기로 모든 것을 가능의 세계로 만들어 가는 나이. 사십대는 가을날 곱게 물든 단풍처럼 자기가 살아온 날들에 여러 가지 색깔을 채색해 보는 좀 더 성숙되고 남을 이해 하고 포용할 수 있는 나이가 아닌가 싶다. 마흔의 나이는 인생 의미를 조금은 알 수 있는, 이십 대의 젊음과 발랄함과 삼십 대의 열정을 조용히 끌어안은 가을을 닮은 나이라 할 수 있다.

앞만 보고 열심히 살아온 날들. 어느 지점에 내가 멈춰 뒤돌아보았을 때 젊음은 아무런 미련 없이 저만큼 떠나갔다. 지금 이 여름이 떠나가듯이 짙 녹색의 잎새들이 지난봄과 여름에 연연해 하지 않듯이 나 또한 내 젊은 날에 연연해 하지 않으리라. 가을은 짙 녹색의 잎사귀에 제각각의 아름다운 물감을 채색하기 시작했다. 나도 내 살아온 날들에 고운 물감으로 물들이고 싶다.

가을은 그리움을 만들고 그리운 이에게 편지를 쓰게 하고 옛 친구를 찾아 먼 길을 떠나게 한다. 창밖 가득 달빛이 고운 밤, 하늘 가득 별이 지구의 불빛처럼 그렇게 옹기종기 모여 가을을 노래하고 우리는 잊혀진 날들을 찾아 꿈속의 여행을 떠나기도 한다. 어느 바닷가 호젓한 찻집에서 마음 맞는 친구랑 마주하고 창밖에 떨어지는 한 잎 낙엽에 가을의 낭만, 인생을 얘기할 수 있다면 그 또한 얼마나 멋진 일이겠는가.

가을엔 모두가 행복했으면 좋겠다. 마음이 가난한 사람은 아름다운 자연으로 마음이 풍요로워지고 물질적으로 힘든 사람은 가을의 풍요를 나누어 가졌으면 좋겠다. 산다는 게 힘들지만 그래도 가끔씩은 저 맑디맑은 가을 하늘을 한번쯤은 올려다보고 웃어볼 수 있었으면 좋겠다. 어느 누구의 소유도 아닌 자연. 이 가을을 나는 사랑한다.

경남여류문학 제11호

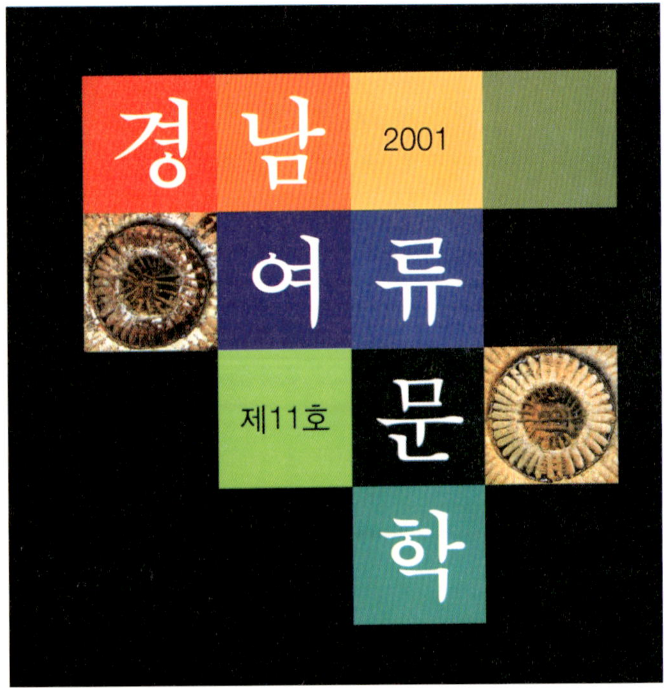

인동꽃

/

허숙영

그것은 사리 향낭이었다. 오랜 수행 끝에 자연스레 빚어진 향기는 이럴까. 그윽한 향주머니를 열어놓아 절간에 오르는 길을 한층 수월하고 즐겁게 해 주었다.

"이게 무슨 냄새야?"

작은 절 길목에 있는 재래식 뒷간 옆을 지나며 남편이 코를 벌름거렸다. 여름이 시작됐으니 그곳에서 나는 냄새려니 생각하며 예불 시간에 늦지 않으려 바삐 올라갔다. 그런데 뒤따라오는 향기는 달콤했다.

상쾌한 기분으로 예불을 마치고 내려오던 내 눈길이 해우소 지붕에 멎었다. 인동꽃이 벽을 두르고 지붕을 덮어 그 속에 부려놓은 근심 덩어리까지도 그윽하게 덮어버렸다. 한 송이 거대한 꽃다발이었다.

하얗게 뒤덮인 향기로 현기증이 일었다. 몇 년을 드나들었지만 존재조차 알아채지 못하는 사이에 저 혼자 나고 자라 꽃까지 피웠던 것이다. 인동초 꽃은 여름철 뒷간을, 가난한 절을, 후미진 골짜기를 은은한 향기로 채워 풍요롭게 하고 있었다.

그 그늘 아래서는 쪼그리고 앉아 있어도 마음이 편안할 것 같다. 흔히 절에서는 화장실을 '해우소解憂所'라 부르는데 근심 걱정을 다 풀어놓는다는 의미다. 그렇지만 재래식 화장실은 여름이면 구린내로 근심이 풀리기는커녕 도로 쌓인다. 그런 해우소 발치에서 인동넝쿨이 작은 기적을 일으킨 것이다.

날마다 경전을 듣고 자라서일까. 골짜기를 깨우는 범종 소리 따라 촉수를 뻗어 나가서일까. 산이 내뿜는 신선한 숨소리에 젖어서일까. 화려하지도 야단스럽지도 않으면서 청정하기까지 하다. 환한 꽃의 모습은 잠자던 내 감각을 붙잡기에 충분했다.

어린 날, 겨울 아침에 시린 바람을 뚫고 아버지가 성근 바지게 가득 인동초 넝쿨을 지고 오던 모습이 눈에 선하다. 인동넝쿨은 고된 일로 늘 관절염과 신경통을 달고 살던 어머니의 약으로 쓰였다. 어머니는 인동초 삶은 물로 단술을 만들어 놓고 시도 때도 없이 먹었다. 나도 보리밥 알 둥둥 떠다니는 감주를 홀짝거렸다. 쌀 한 톨이 귀해 시커먼 보리밥으로 만든 단술이지만 간식처럼 먹었던 것이다.

여름이면 꽃맹아리 꿍무니를 쪽쪽 빨며 잠시나마 허기를 달랬다. 안개 미립자같이 적은 단맛에도 취할 수 있다는 것을 그때 알았다. 야생꽃 독성이 내 약한 몸에 해가 되지 않을까

염려하는 아버지께 야단을 맞으면서도 달착지근한 맛에 자꾸 손이 가던 꽃이었다.

약이 된다는 것을 알고는 너나없이 다 걷어가서인지 눈에 잘 띄지 않았는데 이곳에서 보게 되니 소꿉친구를 만난 듯 반가웠다.

인동초는 잎사귀 몇 개로 모진 겨울을 난다고 해서 붙여진 이름이다. 야산 언저리에도 척박한 밭언덕에서도 가녀린 줄기로 엄동설한을 이겨내는 지극히 서민적인 꽃이다. 꽃과 잎, 줄기까지 서민의 약이 되고 향기조차 나누고 있다.

인동꽃 향기가 날 것 같은 해맑은 미소를 본 적이 있다. 《울지 마 톤즈》라는 다큐멘터리 영화의 실제 주인공이다. 아프리카에서도 가장 오지라는 수단의 톤즈에서 웃음에 굶주리고 내전과 병마가 할퀸 이들에게 감동의 눈물을 흘릴 수 있다는 것을 몸소 보여주고 떠난 이태석 신부다. 평생을 편안하고 명예롭게 사는 길이 보장되어 있었지만 가장 어려운 길을 택해 웃음을 찾아주고 떠난 그는 진정한 성인이었다. 웃는 모습이 그렇게 잘 어울리는 사람을 보지 못했다. 그의 웃음에 감전된 내 얼굴은 눈물로 범벅이 되었다.

그가 풍기는 은은한 삶의 향기가 인동초 꽃을 닮았다. 인동꽃은 수정이 끝나면 노랗게 색을 바꾸고 꽃잎을 닫는다. 그것은 벌과 나비에게 옆의 다른 꽃을 찾아가라는 무언의 메시지라 한다. 옆 꽃을 배려하는 마음이다. 집착은 근심이 되고 욕심에는 괴로움이 따른다는 것을 인동꽃이 먼저 알아차리는 것이다.

허한 마음 한 켠에 인동꽃 향을 채워 보고자 해우소 앞에 섰다. 물은 물로 정화하고 냄새는 더 진한 향내로 정화해야 하는가 보다. 결코 진하지도 일시적이지도 않는 꽃향기로 악취를 누르고 있었다.

경전을 사경하듯 인동초 넝쿨이 펼쳐 놓은 구절들을 손으로 짚어 본다.

경남여류문학회 사화집
꽃잎 박수

펴낸날 | 2013년 9월 12일

펴낸이 | 경남여류문학회(회장 김진희)
펴낸곳 | 경남여류문학회

만든곳 | 도서출판 경남
주 소 | 창원시 마산합포구 몽고정길 2-1
연락처 | (055)245-8818~9/223-4343(f)
홈페이지 | http://www.gnbook.com
전자메일 | gnbook@empas.com
출판등록 | 제567-1호(1985. 5. 6.)

ISBN 978-89-7675-853-8-03810

*이 책은 메세나협의회의 지원금(우수AMS)으로 발간되었습니다.
*이 책에 실린 그림은 여류문학 표지를 재사용했습니다.

〔값 10,000원〕